Deportes de moda

Esquí

Aaron Carr

SPANISH & ENGLISH eBOOKS
AV2 BY WEIGL
ADDED VALUE · AUDIO VISUAL

www.av2books.com

El enriquecido libro electrónico AV² te ofrece una experiencia bilingüe completa entre el inglés y el español para aprender el vocabulario de los dos idiomas.

This AV² media enhanced book gives you a fully bilingual experience between English and Spanish to learn the vocabulary of both languages.

Visita nuestro sitio **www.av2books.com** e ingresa el código único del libro.
Go to www.av2books.com, and enter this book's unique code.

CÓDIGO DEL LIBRO
BOOK CODE

H26140

AV² de Weigl te ofrece enriquecidos libros electrónicos que favorecen el aprendizaje activo. AV² by Weigl brings you media enhanced books that support active learning.

Spanish

English

Navegación bilingüe AV²
AV² Bilingual Navigation

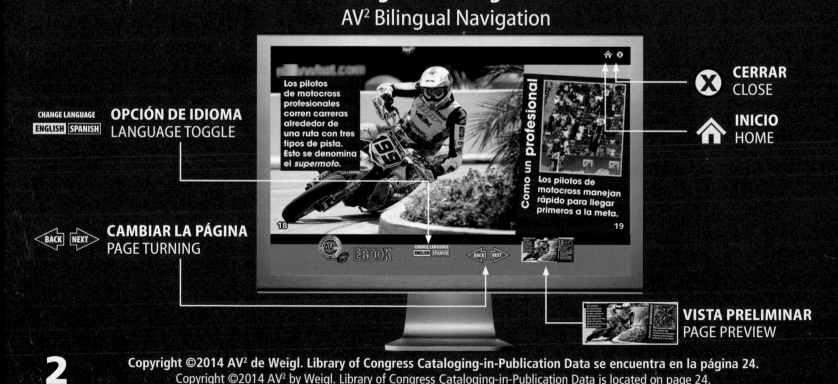

CHANGE LANGUAGE
ENGLISH SPANISH

OPCIÓN DE IDIOMA
LANGUAGE TOGGLE

CAMBIAR LA PÁGINA
PAGE TURNING

CERRAR
CLOSE

INICIO
HOME

VISTA PRELIMINAR
PAGE PREVIEW

Deportes de moda

Esquí

CONTENIDO

4

El esquí es un deporte de invierno. Algunas personas utilizan esquíes para bajar de las montañas. Otras utilizan esquíes para realizar saltos y trucos.

Los esquíes son tablas delgadas largas que se ajustan a cada pie. Son más anchas en sus extremos que en el medio. Esto hace que sea más fácil doblar.

Como un profesional

Los esquiadores profesionales van muy rápido en sus esquíes.

Los esquiadores deben siempre usar casco. Los cascos protegen a los esquiadores de las caídas.

Como un profesional

Los esquiadores profesionales utilizan casco, gafas protectoras, guantes y botas.

La gente puede esquiar en diferentes lugares. Algunas personas esquían en colinas o montañas. Otros esquían en centros de esquí.

Como un profesional

Los esquiadores profesionales bajan por montañas empinadas.

Es importante que los esquiadores practiquen con frecuencia. Esto les ayuda a convertirse en buenos esquiadores.

Como un profesional

Los esquiadores profesionales practican muchas horas por día.

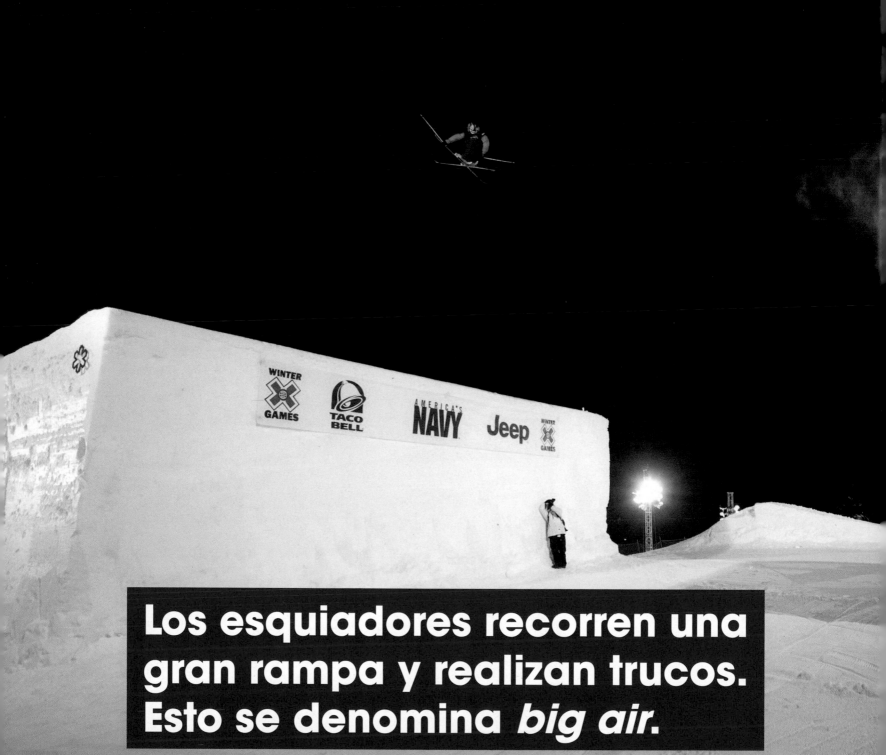

Los esquiadores recorren una gran rampa y realizan trucos. Esto se denomina *big air*.

Como un profesional

Al hacer saltos en el *big air*, los esquiadores profesionales obtienen puntos.

Los esquiadores esquían sobre una rampa en forma de U y realizan trucos. Esto se denomina _superpipe_.

Como un profesional

Los esquiadores profesionales deben aterrizar de manera perfecta luego de muchos trucos en el *superpipe*.

Los esquiadores bajan de una colina con giros y saltos. Esto se denomina *skier X*.

Como un profesional

Los esquiadores profesionales bajan de la colina lo más rápido que pueden.

Los mejores esquiadores de todo el mundo forman parte de los *X Games*.

La gente concurre para ver a los esquiadores realizar grandes saltos y trucos.

21

DATOS SOBRE EL ESQUÍ

Estas páginas brindan información detallada que amplía aquellos datos interesantes que se encuentran en el libro. Se pretende que los adultos utilicen estas páginas como herramienta de aprendizaje para contribuir a que los jóvenes lectores completen sus conocimientos acerca de cada deporte en las serie *Deportes de moda*.

páginas 4–5

El esquí es un deporte que requiere fuerza y equilibrio. Las personas han esquiado durante miles de años. Los esquíes más antiguos encontrados tenían más de 7.000 años. Actualmente, hay muchas clases de esquí. Las dos clases principales son los nórdicos y alpinos. El esquí nórdico se realiza sobre senderos llanos. El esquí alpino a menudo se denomina esquí para descender por la colina. En general se realiza en colinas y montañas.

páginas 6–7

Los esquíes solían hacerse de madera pero actualmente la mayoría están hechos de fibra de vidrio y aluminio. Cada esquí se curva hacia dentro levemente en el centro. Esto ayuda a que los esquiadores puedan doblar más fácilmente. Algunos esquíes se inclinan hacia arriba en la parte frontal y trasera. Por lo general, estos esquíes se utilizan para dar saltos ya que permiten que el esquiador aterrice hacia atrás o hacia adelante. El estilo de esquí se denomina *twin-tip* (punta gemela).

páginas 8–9

El casco es la pieza más importante del equipo de seguridad para los esquiadores. Si los esquiadores cayeran y golpearan sus cabezas sin casco, podrían resultar gravemente lesionados. Las gafas protectoras también son importantes. Las mismas protegen los ojos del esquiador de la luz del sol, de la nieve y del viento. Los esquiadores deben asegurarse de llevar ropa abrigada e impermeable. Muchos esquiadores usan camisas y pantalones térmicos debajo de la chaqueta de esquí y de los pantalones de nieve bien aislantes.

páginas 10–11

El esquí puede realizarse en cualquier lugar en el que haya una colina cubierta de nieve. La mayoría de las prácticas de esquí se realiza en colinas de esquí o estaciones de montaña. La dificultad de cada recorrido de esquí se marca con formas coloridas. Un punto verde representa los recorridos más sencillos, un cuadrado azul marca un recorrido intermedio y un diamante negro indica un recorrido difícil. Los recorridos expertos se marcan con un diamante doble en color negro.

La práctica es lo más importante para convertirse en un buen deportista en cualquier deporte, incluso en esquí. La mayoría de los esquiadores profesionales pasan el invierno practicando sus maniobras en colinas y en centros de esquí. Practican sus maniobras sobre diferentes tipos de nieve, clima y terreno. Algunos esquiadores incluso tratan de crear nuevos trucos que nadie haya visto antes.

El *big air* comenzó como un evento de snowboard en los *X Games*, pero en el año 1999 cambió para incluir a los esquiadores. El *big air* exhibe a cuatro de los esquiadores más importantes del mundo que intentan superarse unos a otros, completando el mejor truco. Los esquiadores se lanzan de una gran rampa y llevan a cabo maniobras aéreas a medida que planean en el aire. Los esquiadores tienen dos intentos para realizar su mejor truco. Los trucos se juzgan de acuerdo a su dificultad.

El *superpipe* exhibe un tubo en forma de U de 500 pies de largo (152 metros), 17 pies de profundidad (5 m). El tubo tiene 54 pies (16 m) de punta a punta. El tubo grande permite que los esquiadores adquieran velocidad y aire para llevar a cabo sus trucos. A medida que los esquiadores descienden por la pendiente, van de lado a lado hasta los bordes del tubo para lanzarse al aire y completar los trucos aéreos. Los trucos más difíciles obtienen mayor puntaje.

El *skier X* o *skiercross* es una carrera larga con obstáculos de 3.500 pies (1.067 m) que presenta curvas, obstáculos y huecos. Es una carrera desafiante. Gana el esquiador que finaliza la carrera con el tiempo más veloz. Seis esquiadores se desafían varias veces para determinar los esquiadores más importantes. Luego, los esquiadores más importantes vuelven a desafiarse una vez más. El esquiador que finaliza la carrera final en primer puesto obtiene una medalla de oro.

Los *X Games* de invierno es un torneo de deportes anual que exhibe a los mejores atletas de deportes extremos del mundo. Los *X Games* de invierno comenzaron en el año 1997. Incluye eventos de snowboard, esquí y motonieve. Algunos de los mejores esquiadores del mundo compiten en los *X Games* de invierno. Algunos eventos exhiben esquiadores volando por el aire o descendiendo por colinas empinadas a altas velocidades.

¡Visita www.av2books.com para disfrutar de tu libro interactivo de inglés y español!

Check out www.av2books.com for your interactive English and Spanish ebook!

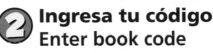

1 **Entra en www.av2books.com**
Go to www.av2books.com

2 **Ingresa tu código**
Enter book code

H 2 6 1 4 0

3 **¡Alimenta tu imaginación en línea!**
Fuel your imagination online!

www.av2books.com

Published by AV² by Weigl
350 5th Avenue, 59th Floor New York, NY 10118
Website: www.av2books.com   www.weigl.com

Library of Congress Cataloging-in-Publication Data

Carr, Aaron.
[Skiing. Spanish.]
Esqui / Aaron Carr.
      pages cm. -- (Deportes de moda)
ISBN 978-1-62127-633-3 (hardcover : alk. paper) -- ISBN 978-1-62127-634-0 (ebook)
1. Skis and skiing--Juvenile literature. 2. ESPN X-Games--Juvenile literature. I. Title.
GV854.315.C3718 2014
796.93--dc23
                              2012051348

Printed in the United States of America in North Mankato, Minnesota
1 2 3 4 5 6 7 8 9 0 17 16 15 14 13

032013
WEP050313

Editor: Aaron Carr
Spanish Editor: Tanjah Karvonen
Art Director: Terry Paulhus

Every reasonable effort has been made to trace ownership and to obtain permission to reprint copyright material. The publishers would be pleased to have any errors or omissions brought to their attention so that they may be corrected in subsequent printings.

Weigl acknowledges Getty Images as the primary image supplier for this title.